ab 4

So macht Vorlesen richtig Spaß!

Die wichtigsten Tipps von den Vorlesebären

Ruhig und ungestört, so liest es sich am besten vor
Schön auf dem Sofa zusammengekuschelt oder abends im Bett – dann ist es richtig gemütlich.

Kinder brauchen Rituale
Abends zum Ins-Bett-Gehen: Vorlesen hilft am Ende eines aufregenden Tages beim Einschlummern. Aber auch tagsüber ist Vorlesen ein schöner Moment, um zur Ruhe zu kommen.

Für jedes Alter das passende Buch
Je jünger das Kind, desto kürzer die Geschichte! Für die Großen dürfen es auch schon mal weniger Bilder und spannendere Geschichten sein.

Wünsch dir eine Geschichte!
Kinder sollen mitbestimmen dürfen, was sie hören wollen. Die Vorlesebären haben dafür eine Extra-Seite, auf der jeder seine Wunsch-Geschichte selbst auswählen kann.

Ich mach mit!
Vorlesen ist nicht nur Zuhören, sondern auch Hinschauen und Eintauchen in die Geschichte. Mit den Mitmach-Ideen in den Vorlesebären macht Vorlesen noch mehr Spaß.

Weitere Vorlesetipps und Informationen gibt es auf
www.esslinger-verlag.de

Du liest vor und ich mach mit!
VORLESEBÄREN
ab 4

Milli und Oma machen Sachen

Erzählt von Nele Winter
Mit Bildern von Iris Hardt

esslinger

Wünsch dir eine Geschichte!

Trippeln unter Omas Bett • Seite 9

Milli backt mit Bauchgefühl • Seite 16

Wenn im Sommer Winter ist • Seite 23

Hexenhaar und Burggespenst • Seite 30

Oma dreht durch • Seite 40

Geflatter im Fledermaushotel • Seite 48

Kleisterschnipsel-Chaos • Seite 57

Parkschein, Pech und Polizei • Seite 66

Für meine Mutter.

Trippeln unter Omas Bett

Es ist Wochenende und Milli darf heute bei Oma schlafen. Oma wohnt in einem kleinen Dorf in einem klitzekleinen Haus, das ist so winzig, dass es gerade genug Platz hat für Oma – und für ein Milli-Zimmer. Eigentlich ist es das Gästezimmer, aber weil Milli so oft dort schläft, hat Oma es „Milli-Zimmer“ getauft.

Vor dem Schlafengehen kuschelt Milli wie immer mit Oma in Omas Himmelbett.

„Das ist so **mümmelig**“, sagt Milli.

„Finde ich auch“, sagt Oma und drückt Milli fest an sich. Heute spielen sie „Ich-sehe-was-was-du-nicht-siehst“, so lange, bis Milli müde wird. Die Augen wollen ihr schon zufallen, da bemerkt sie plötzlich eine Bewegung neben sich. Milli dreht den Kopf – und kann kaum glauben, was sie da sieht: Da sitzt eine Maus, eine richtige, lebendige Maus! Milli zuckt zusammen, aber nur ein bisschen, und natürlich nur, weil sie so überrascht ist.

Was meinst du?

Was meint Milli mit „mümmelig“?

„Oma“, flüstert sie. „Guck mal da, eine Maus. Ist die nicht süß?“

Doch Oma sagt nichts.

„Oma?“

„IIIIIIIH!!“, kreischt Oma auf einmal los . „Eine MAAAAAAUS!!!“

Erschrocken hüpft das Mäuschen vom Nachttisch und verschwindet wie der Blitz hinter dem Kleiderschrank. Oma zieht die Bettdecke bis zur Nasenspitze hoch.

„Oh du meine Güte“, stöhnt sie, „eine Maus!“ Misstrauisch äugt sie umher.

„Oma, darf ich die Maus behalten?“, fragt Milli. „Bitte!“
Oma starrt Milli an, als könnte sie gar nicht verstehen, was sie gefragt hat.
„Die Maus … muss … hier raus“, sagt sie mit rauer Stimme.
„Aber Oma, sie ist doch so goldelig!“
„Goldig“, krächzt Oma. „Sie ist goldig.“

„Ja, nicht?“, freut sich Milli. „Ich kümmere mich auch um sie. Ganz fest versprochen!“

Milli schaut Oma mit ihrem Oma-Blick an. Wenn sie so schaut, kann Oma nie Nein sagen.

Aber da geht ein Ruck durch Oma. „N I E M A L S!“, sagt sie laut und sehr entschlossen. „Die Maus muss raus. SOFORT!“

„Oma!“, ruft Milli empört, aber die lässt nicht mit sich reden.

„Du tust dem Mäuschen doch nicht weh, oder?“, fragt Milli besorgt.

„Natürlich nicht", sagt Oma. „Wir nehmen eine Korbfalle. Da wird sie rein gelockt und wenn sie drin ist, fällt das Türchen zu. Mehr passiert nicht."

Milli nickt zufrieden.

„Das Dumme ist nur, ich hab keine Falle", sagt Oma.

„Und wie sollen wir die Maus dann fangen?", fragt Milli.

„Das weiß ich auch nicht." Nachdenklich zupft Oma an der Bettdecke.

„Ich krieg sie bestimmt", sagt Milli und hüpft aus dem Bett. Sie **lugt** unter den Kleiderschrank. Aber die Maus kann sie nicht sehen, dafür ist es zu dunkel. Tastend schiebt Milli ihren Arm unter den Schrank.

Hilf mit!

Leg dich mit Milli zusammen auf die Lauer.

„Milli! Lass das!", ruft Oma. „Komm her, am Ende zwickt sie dich noch!"

Schnell zieht Milli den Arm zurück und krabbelt wieder ins Bett.

„Du, Oma, ich glaub, wir kriegen sie doch nicht", stellt sie fest.

„Ich fürchte, da hast du recht." Oma runzelt die Stirn. „Aber dann werde ich nicht in diesem Zimmer bleiben, auf gar keinen Fall! Wir müssen zusammen in deinem Bett schlafen."

Milli strahlt. Au ja! Mit Oma in einem Bett, das wird lustig!

„Du behältst den Schrank im Auge und ich packe das Nötigste zusammen", bestimmt Oma und Milli legt sich auf die Lauer. Sie passt ganz doll auf. Schließlich will sie Oma beschützen. Oma schnappt sich das Buch, in dem sie gerade liest, ihre Lesebrille, die Kekse vom Nachttisch und das Bild, das Milli am Nachmittag für sie gemalt hat.

Gerade will sie schwungvoll in ihre Pantoffeln schlüpfen, als sie noch mal innehält. Vorsichtig stupst sie zuerst den einen Schuh an und dann den anderen.

„Oma“, kichert Milli, „die Maus ist doch unter dem Kleiderschrank und nicht in deinen Schuhen.“

„Kann man nie wissen“, murmelt Oma und schiebt, immer noch ein wenig misstrauisch, ihre Füße in die geblümten Hausschlappen. „So, wir können los“, sagt sie.

Und schon ziehen sie um. Oma mit dem Buch, der Brille und den Keksen und Milli mit ihrem Bild. Das nimmt sie lieber selbst, nicht dass es noch geknickt wird. Im Rausgehen schnappt sich Oma noch die Kuscheldecke vom Sofa und klemmt sie unter den Arm. „Das ist meine“, murmelt sie grimmig. Dann sind sie draußen. Puh! Oma schnauft tief durch.

Aufgepasst!

Weißt du noch, welche Dinge Milli und Oma ins Milli-Zimmer mitgenommen haben?

Im Milli-Zimmer machen sie es sich wieder gemütlich. Buch, Kekse, Brille und Millis Bild kommen auf den Nachttisch und Milli und Oma kuscheln sich in Millis Bett. Eigentlich müssten beide ganz schön müde sein, aber an Schlafen ist jetzt nicht zu denken. Milli ist putzmunter! Auch Oma ist hellwach. Also spielen sie wieder „Ich-sehe-was-was-du-nicht-siehst“.

„Ich sehe was, was du nicht siehst, und das ist rot“, sagt Milli.

„Mein Nachthemd?“, fragt Oma. Milli schüttelt den Kopf.

„Maries Kleid“, rät Oma weiter. Marie ist Millis Lieblingspuppe.

„Genau!“, ruft Milli. „Jetzt du!“

„Ich sehe was, was du nicht siehst, und das ist braun“, sagt Oma. Milli schaut sich um.

„Das Bett?“

„Falsch!“

„Die Vase?“

Oma schüttelt den Kopf. Milli sucht weiter – und stutzt plötzlich.

„Meinst du die Maus da?“, fragt sie und deutet unter den Sessel.

„WAAAAAAS?!“ Oma fährt hoch. Und tatsächlich sieht sie gerade noch eine kleine braune Maus unter dem Sessel verschwinden.

„Das gibt’s doch nicht, ich glaub, ich spinne!“, ruft Oma. „Wo kommen denn

nur all die Mäuse her? Du siehst die doch auch, oder?", vergewissert sie sich bei Milli. Was für eine Frage! Schließlich hat Milli die Mäuse doch zuerst entdeckt! Alle beide.

„Wir müssen hier raus", schnauft Oma. „Nur, wo sollen wir dann schlafen? Denn hier bleibe ich ganz bestimmt nicht! Lieber lege ich mich in der Küche auf den blanken Fußboden!" Omas Gesicht ist ganz rot vor Aufregung, Schweißtropfen stehen ihr auf der Stirn.

„Soll ich mal die Balkontür aufmachen?", fragt Milli besorgt. „Damit dir nicht so warm ist?"

„Der BALKON! Milli, das ist es!", ruft Oma. „Wir müssen die Maus auf den Balkon locken!" Mit einem Satz springt sie aus dem Bett und rennt aus dem Zimmer. Kurz darauf kommt sie mit Käsestückchen zurück. Sie schwingt sich aufs Bett und zieht die Beine hoch.

„Wo ist sie?", fragt sie atemlos.

„Sie hockt jetzt in deiner Kuscheldecke. Ich glaube, die mag sie gerne", sagt Milli.

„In *meiner* Kuscheldecke?" Empört schaut Oma zum Sessel hinüber.

„Du Oma", sagt Milli. „Und wenn es nur *eine* Maus ist? Vielleicht hat sie vorhin auch schon in der Kuscheldecke gesessen?"

Oma reißt die Augen auf. Dann hätte sie ja die Maus in die Decke eingewickelt ins Milli-Zimmer getragen! Und dabei hat sie die ganze Zeit gegrübelt, wie sie die Maus fangen kann! Oma muss beinahe lachen, aber jetzt gibt es Wichtigeres zu tun. Zuerst muss die Maus aus dem Haus.

„Milli, du musst mir helfen", sagt Oma. „Machst du mal die Balkontür auf?"

„Na klar", sagt Milli und reißt die Tür sperrangelweit auf.

„Und jetzt der Käse", befiehlt Oma. „Den musst du auslegen."

Milli nimmt den Teller mit dem Käse und schiebt sich erst mal selbst ein Bröckchen in den Mund. Dann legt sie eine **Käsewürfelspur** vom Sessel zum Balkon. Den letzten Würfel behält sie wieder für sich. Danach hocken sich Oma und Milli aufs Bett und warten. Milli knabbert an ihrem Käsewürfelchen. Beide sind mucksmäuschenstill – sonst traut sich die Maus vielleicht nicht heraus.

Kannst du das?

Zähl die Käsewürfelchen in der Käsewürfel-Spur!

Es dauert gar nicht lange, da lugt die Maus unter der Decke hervor und wittert mit dem Näschen. Und dann, trippel-trippel-trappel, saust sie den Sessel hinunter und schnurstracks an den Käsewürfeln vorbei nach draußen. Einfach so.

„He, Maus, der Käse!“, ruft Milli.

„Milli, schnell“, ächzt Oma.

Mit einem Satz ist Milli bei der Balkontür und schlägt sie zu. Geschafft!

Oma und Milli gucken sich an. Und auf einmal prusten beide los. Oma muss so sehr lachen, dass ihr die Tränen übers Gesicht rollen. Schließlich trägt man nicht jeden Tag eigenhändig eine Maus in einer Kuscheldecke spazieren!

Trotzdem bleibt Oma in dieser Nacht doch lieber mit Milli zusammen im Milli-Zimmer. Nur für den Fall, dass es vielleicht doch *zwei* Mäuse waren.

Milli backt mit Bauchgefühl

„Was meinst du, sollen wir heute einen Hefezopf backen?", fragt Oma. Sie schaut durchs Fenster nach draußen. Es ist ein regnerischer, windiger Tag. An solchen Tagen ist es in Omas Küche immer ganz besonders mümmelig, findet Milli.

„Au ja!", ruft sie deshalb und setzt sich gleich an den Küchentisch. Oma legt das Tischtuch zusammen und Milli darf den Tisch abwischen. Dann kommt Oma mit den Zutaten: Mehl, Zucker, Milch, Butter, ein Würfel Hefe und natürlich Rosinen.

Aufgepasst!

Weißt du noch, welche Zutaten Oma für den Hefeteig geholt hat?

„Zuerst müssen wir den **Hefeteig** ansetzen, damit er gehen kann", erklärt Oma.

„Der Teig geht?", gluckst Milli. „Der hat doch gar keine Beine!"

„Man nennt es *gehen*, wenn der Teig immer dicker und dicker wird", erklärt Oma.

„Ach so", sagt Milli, „dann *dickert* er ja bloß!"

„Manchmal steigt er sogar bis über den Schüsselrand", sagt Oma. „Dann könnte man wirklich meinen, er will weglaufen. Aber das wäre ja noch schöner, wenn er herumspaziert, statt im Ofen zu backen!"
Sie zwinkert Milli zu, schnappt sich die Mehltüte und schüttet Mehl in eine Schüssel.

„Woher weißt du denn, wie viel Mehl du nehmen musst?", will Milli wissen.

„Das steht im Rezept. Aber da schaue ich gar nicht rein, ich mache das immer nach meinem Bauchgefühl“, sagt Oma.

Milli überlegt einen Moment. „Ich hab mal eine ganze Tüte Gummibärchen auf einmal gefuttert, da hab ich auch so ein Bauchgefühl gehabt.“ Milli drückt die Faust in ihren Magen.

„Das war Bauchweh“, lacht Oma. „Ein Bauchgefühl ist anders. Das heißt, dass dein Bauch dir von alleine sagt, was richtig oder falsch ist, weißt du?“

Milli schiebt die Unterlippe vor. Ihr Bauch hat noch nie was zu ihr gesagt, der knurrt höchstens mal, wenn sie Hunger hat.

Oma drückt eine Kuhle in das Mehl und schüttet warme Milch hinein. Dann kommt noch ein kleines bisschen Zucker dazu.

„Du kannst jetzt die Hefe in die Milch bröckeln. Die braucht man, damit der Teig geht“, erklärt Oma und reicht Milli den Hefewürfel.

In diesem Moment läutet es an der Haustüre. „Ich bin gleich wieder da“, sagt Oma und verschwindet aus der Küche.

Milli betrachtet die Hefe. Komisch, dass davon der Teig dick wird. Die Hefe fühlt sich ein bisschen an wie Knete, nur bröseliger. Milli formt eine kleine Kugel und lässt sie in die Milch plumpsen, dann eine Wurst und dann einen Regenwurm. Und dann ist die Hefe auch schon alle. Milli sucht nach Oma. Die steht an der Haustüre und spricht mit Frau Seidel, der Nachbarin. Milli trollt sich zurück in die Küche.

Da sieht sie ein zweites Päckchen Hefe im Regal liegen. Und plötzlich weiß sie, was Oma vorhin mit dem Bauchgefühl gemeint hat. Milli legt die Hand auf den Bauch und horcht. Na klar! Schnell holt sie das zweite Päckchen Hefe. Und dann formt sie zufrieden viele kleine Hefekugeln und versenkt sie in der Milch.

„So, es kann weitergehen“, sagt Oma, als sie endlich wieder in die Küche kommt. Sie nimmt den Mixer und die Knethaken und rührt damit das Mehl, die Milch, die Butter und die Eier zu einem Teig. Zum Schluss darf Milli Rosinen über den Teig streuen und Oma knetet sie ein.

„Und jetzt muss der Teig gehen“, sagt Oma.

„Darf ich zugucken?“, fragt Milli.

„Da wirst du nicht viel sehen. Der Teig wird nämlich mit einem Handtuch zugedeckt, damit er es schön warm hat“, sagt Oma. „Außerdem dauert das mit dem Gehen ganz schön lange.“

Um die Wartezeit zu verkürzen, spielen Milli und Oma „Mau-Mau“. Oma rauft sich die Haare, weil Milli dauernd gewinnt.

„Oma!“, ruft Milli plötzlich. „Guck mal, der Teig!“

Tatsächlich: Das Handtuch wölbt sich, als wäre ein dicker Ball in der Schüssel.

„Jetzt schon?“, sagt Oma und schüttelt den Kopf. Vorsichtig hebt sie das Handtuch.

„Ui!“, ruft Milli. Eine riesige Teigkugel wird sichtbar, wie ein Ballon sieht sie aus.

„Sonderbar“, murmelt Oma und schaut auf ihre Uhr. „Ich glaube fast, wir können den Teig schon kneten.“ Sie stellt die Schüssel auf den Tisch.

„Darf ich reinpiken?“, fragt Milli. Oma nickt. Der Teig fällt zusammen wie ein Luftballon, aus dem man die Luft herausgelassen hat.

„Pfffft“, macht Milli dazu.

„Pass mal auf, jetzt rolle ich aus dem Teig drei Stränge, und aus denen flechte ich einen Zopf“, sagt Oma. Als sie mit dem Teigzopf fertig ist, stellt sie ihn zur Seite. „Der muss jetzt noch mal gehen“, sagt sie.

„Oooch“, mault Milli. „Schon wieder? Wie lange denn?“

„Na, ein bisschen müssen wir schon noch warten“, meint Oma. „Wir spielen einfach weiter, bis er fertig ist, ja?“

Milli und Oma sind gerade bei der zweite Runde „Mau-Mau“, als Oma wieder einen Blick auf den Teig wirft. „Huch, jetzt haben wir aber die Zeit verpasst! Sieh mal, wie groß der Zopf schon ist!“ Oma holt ihn auf den Tisch. Sie reicht Milli einen Backpinsel. „Magst du ihn **mit Eigelb bestreichen**?“, fragt sie.

Hilfst du Milli, den Teig zu bestreichen? Fahre mit dem Finger über den Hefezopf.

Na, und ob! Millis Zungenspitze wandert von einem Mundwinkel zum anderen, so konzentriert ist sie.

„So, rein mit dir“, murmelt Oma, als sie den Zopf endlich in den Ofen schiebt. „Ich muss schnell in den Keller, Wäsche aufhängen“, sagt sie dann. „Passt du solange auf unseren Hefezopf auf?“

Na klar, das macht Milli. Sie holt sich einen Stuhl und setzt sich direkt vor den Herd. So kann sie den Zopf am besten bewachen.

Draußen ist der Wind inzwischen immer stärker geworden. Wild heult er ums Haus. Milli dreht sich um. Wie die Bäume sich im Wind biegen! Eine Weile sieht Milli dem Treiben draußen zu. Als sie wieder in den Ofen schaut, zuckt sie zusammen. Der Zopf ist ganz doll gewachsen! Boah! So riesig ist der, dass es aussieht, als würde er gleich nicht mehr in den Ofen passen!

„Halt an!“, flüstert Milli. „Bitte, bitte, *bitte* nicht größer werden!“

Überleg mal!

Hast du auch schon mal so ein Bauchgefühl gehabt?

Aber der Zopf hört nicht auf Milli, sondern wird immer noch dicker. Milli saust in den Flur.

„Oma!“, brüllt sie die Treppe hinunter. „Oma, du musst ganz schnell kommen!“ Oma rennt die Treppe hinauf, so schnell sie ihre Beine tragen. Oben angekommen muss sie erst mal verschnaufen. „Was ist denn los?“, keucht sie.

Milli deutet in den Ofen.

„Na so was“, staunt Oma. „Das ist ja ein RIESENZOPF! Wie ist das nur möglich?“

Und da erzählt Milli Oma von dem zweiten Hefewürfel. Und von ihrem **Bauchgefühl**.

Oma lacht laut auf. „Na, wenn das so ist, dann wirst du es schon richtig gemacht haben“, sagt sie und drückt Milli an sich.

Und auf einmal findet Milli es gar nicht mehr schlimm, dass der Zopf so riesig ist. Zusammen mit Oma guckt sie in den Ofen.

„Ob er wohl gegen die Backofenwand stößt? Na, was meinst du?“, fragt Oma augenzwinkernd.

Milli drückt die Hand auf ihren Bauch. „Nee, ich glaube nicht.“

Und tatsächlich: Als er fertig ist, kann Oma den Zopf gerade noch auf dem Blech nach draußen ziehen.

„Das ist mit Abstand der größte, schönste und lockerste Hefezopf, den ich je gesehen habe“, sagt Oma später. „Aber schließlich ist es ja auch ein ganz besonderer Hefezopf, ein Hefezopf …“

„… mit Bauchgefühl!“, ruft Milli und lacht. Und dann futtern sie und Oma ein monstergroßes Stück vom allerbesten Hefezopf der Welt.

Mach mit!

Back mit Milli einen Hefezopf.*

Rezept für Millis und Omas Hefezopf

Für den Teig brauchst du:

500 g Mehl

1 Würfel Hefe

100 g Zucker

¼ l Milch

1 Prise Salz

1 Ei

100 g weiche Butter

Wer mag, kann Rosinen in den Teig geben

Zum Bestreichen brauchst du:

1 Eigelb

1 El Milch

- Gib das Mehl in eine Schüssel und drücke eine Mulde hinein. In die Mulde bröckelst du die Hefe.

- Streue etwas Zucker darüber, gieße die lauwarme Milch dazu und löse die Hefe darin auf. Füge die restlichen Zutaten hinzu und verknete alles zu einem Teig.

- Lasse den Teig abgedeckt ca. 30–40 Minuten gehen. Knete ihn noch einmal kräftig durch, rolle ihn zu drei gleich dicken Strängen und flechte einen Zopf. Lasse ihn nochmal 30 Minuten gehen.
- Verquirle das Eigelb mit der Milch und bestreiche den Zopf damit.
- Backe den Hefezopf bei 200 °C 40 Minuten.

* Bitte deine Eltern, dir beim Hefezopfbacken zu helfen.

Wenn im Sommer Winter ist

„Milli-Schatz, hilfst du mir beim Wäsche Aufhängen?", fragt Oma. Es ist drückend warm und eigentlich hat Milli dazu gar keine Lust. Aber Oma ist schon mit dem Wäschekorb nach draußen gegangen. Milli trottet hinterher.

„Du, Oma", sagt sie und hält Oma ein patschnasses Küchenhandtuch hin. „Warum hängst du die Wäsche denn hier draußen auf und nicht im Keller?"

„Na, damit sie im Wind schön trocknen kann", sagt Oma. Ein heftiger Windstoß zerrt Oma das Handtuch beinahe aus der Hand.

„Ja, es ist ganz schön windelig", sagt Milli und reicht Oma eine gelbe Bluse. Oma will sie gerade aufhängen, da weht ihr die nasse Bluse – platsch – mitten ins Gesicht! Milli prustet los. Mühsam klemmt Oma die Bluse mit zwei Wäscheklammern fest. Dann tupft sie erst mal ihr Gesicht ab.

„Na ja“, murmelt sie, „so ist die Wäsche wenigstens ruckzuck trocken.“

Es dauert gar nicht lange und alle Wäschestücke flattern auf der Leine – und mittendrin baumelt Fipsi, Millis allerliebster Knuddelbär. Der brauchte nämlich unbedingt auch mal eine Wäsche, fand Oma.

„Puh“, stöhnt Oma. „Ist das heiß. Komm, lass uns schnell wieder reingehen.“

Sie holt Limonade aus dem Kühlschrank. Milli sitzt am Fenster und betrachtet die vorbeiziehenden Wolken.

„Guck mal, Oma“, sagt sie. „Die Wolke da, die sieht aus wie ein Drache.“

Aber Oma hat gerade keine Zeit zum Gucken. Nach dem Drachen kommt ein Hund und dann ein Elefant mit einem Rüssel und großen Ohren. Ganz schön dunkle Ohren. Richtig schwarz sind die. Und dann zuckt plötzlich ein Blitz über den Himmel.

„Oma!“, ruft Milli. „Es hat geblitzt!“

Oma guckt aus dem Fenster. Gerade fallen die ersten Tropfen vom Himmel.

„Oh du meine Güte, die Wäsche“, schnauft Oma.

„Und mein Fipsi!“, ruft Milli. Sie will rausstürmen, aber Oma kann sie gerade noch festhalten.

„Du bleibst hier“, sagt Oma streng und schlüpft allein nach draußen.

Milli starrt zum Fenster hinaus. Es ist so düster, als wäre schon Abend. Unheimlich ist es, aber gleichzeitig auch schön.

Weißt du das?

Wie nennt man eine Wetterlage, wenn es blitzt und donnert? *

Ein zweiter Blitz zuckt am Himmel. Und dann kracht der Donner, so laut, dass Milli sich die Ohren zuhält. Da kommt Oma angerannt, Fipsi hat sie unter dem Arm.

„Fipsi!“, ruft Milli und drückt den nassen Bären fest an sich.

„Das ist mir nicht geheuer da draußen“, schnauft Oma. „Soll die Wäsche doch wieder nass werden. Hauptsache, wir sind in Sicherheit!“

Heftig trommelt der Regen gegen die Scheiben, aber mit Oma zusammen hat Milli keine Angst. Fast können sie die Straße nicht mehr sehen, so sehr peitscht der Wind den Regen. „Das ist ein richtiger Wolkenbruch“, sagt Oma.

Milli guckt in den Himmel. „Brechen die Wolken dann durch?“, fragt sie.

„Nein, nein“, lacht Oma. „Mit Wolkenbruch ist gemeint, dass es ganz stark regnet, so stark, dass sogar alles überschwemmt werden kann, verstehst du?“

Milli nickt. „Werden wir denn jetzt überschwemmt?“, fragt sie erwartungsvoll.

„Na, das will ich doch nicht hoffen“, sagt Oma. Gerade blitzt und donnert es wieder, beinahe gleichzeitig.

„Oma, da!“, ruft Milli jetzt ganz aufgeregt. „Guck doch, es schneit!“

„Oh nein! Das ist Hagel“, stöhnt Oma. „Meine schönen Blumen. Die gehen jetzt bestimmt kaputt.“

Milli will das Fenster öffnen, aber Oma zieht sie zurück.

„Oma, guck doch, der Hagel wird immer mehr!“, ruft Milli. Tatsächlich! Draußen ist schon alles weiß, so dicht liegen die Hagelkörner.

* Ein Gewitter.

„Oma, darf ich raus?“, fragt Milli. „Bitte, bitte, bitte!“

„Wenn es aufgehört hat zu hageln und wenn es nicht mehr blitzt, darfst du raus“, verspricht Oma. „Hol doch inzwischen schon mal deine Gummistiefel aus dem Keller.“

Milli rennt los, aber gleich darauf steht sie wieder da – ohne Gummistiefel.

„Oma, darf ich mit den Schuhen durchs Wasser?“, fragt sie.

„Durch welches Wasser denn?“, fragt Oma.

„Na, das im Keller“, sagt Milli.

„WAAAS???“, kreischt Oma und dann springt sie die Treppe hinunter, so schnell, dass Milli kaum hinterherkommt. Auf der vorletzten Stufe bleibt Oma stehen und starrt in den Kellerraum. Der ist jetzt ein See. Gerade segelt ein Plastikblumentopf vorbei.

„Ach du lieber Himmel!“ Oma rauft sich die Haare.

„Du, Oma“, ruft Milli begeistert. „Ich bastle Papierschiffchen und lasse sie schwimmen, darf ich?“

Oma schüttelt den Kopf. „Dafür haben wir jetzt keine Zeit. Wir müssen das Wasser rausschaffen. Du hilfst mir doch, Milli, ja? Ich hoffe, wir kriegen den Keller trocken, ohne dass ich die Feuerwehr rufen muss.“

Na klar hilft Milli, obwohl ihr das mit der Feuerwehr noch viel lieber wäre.

Oma zieht die Schuhe aus und watet durchs Wasser zu Millis Gummistiefeln. Einer ist umgefallen und voll Wasser gelaufen. Oma kippt das Wasser aus.

Schau hin!

Kannst du den Gummistiefel entdecken?

„Der eine ist ein bisschen nass geworden“, sagt sie und reicht Milli die Stiefel.

Milli schlüpft hinein. Das ist ein komisches Gefühl. Wie das knatscht bei jedem Schritt. Milli läuft ein wenig herum. ‚Tap – knatsch – tap – knatsch‘, macht es. Milli kichert. Oma holt zwei Eimer, einen Putzlappen und Frau Seidel, die Nachbarin. Die soll helfen. Zum Schöpfen findet Oma ein paar Schüsseln und Millis alte Sandkastenförmchen.

„Ich nehm’ das blaue Kuchenförmchen!“, ruft Milli.

Frau Seidel nimmt die rote Schüssel und Oma das kleine grüne Eimerchen. Und dann fangen die drei an, Wasser in die Eimer zu schöpfen. Das ist ein Plätschern und Planschen! Bald ist der erste Eimer voll und Oma trägt ihn in die Waschküche. Dort kippt sie das Wasser ins Waschbecken. Milli läuft inzwischen nach oben und guckt aus dem Fenster.

„Du, Oma, es hagelt immer noch“, sagt Milli, als sie zurückkommt.

„Das fehlt mir gerade noch, Milli“, stöhnt Oma.

„Ich bin gar nicht Milli, ich bin Käpt’n Gummischuh“, erklärt Milli. „Schneller, Leute!“, ruft sie mit wilder Stimme. „Schippt schneller, Matrosen, sonst sinken wir!“ Milli stapft im Wasser herum und macht Wellen. „Mann über Bord!“, ruft sie, als Oma wieder mit einem vollen Eimer verschwindet. Aber zum Glück kann der verlorene Matrose zurück an

Bord geholt werden. Jetzt schöpft er fleißig mit dem Rest der Mannschaft um die Wette.

„Bald haben wir's geschafft", schnauft Oma und wischt sich den Schweiß von der Stirn. Frau Seidel wischt auch, und zwar die letzten Wasserpfützen vom Boden. Dann sind sie fertig. Der Boden ist noch feucht, aber der See von vorher ist weg. Frau Seidel verabschiedet sich und will gehen. Oma bedankt sich sehr bei ihr und verspricht, sie bald mal zu Kaffee und Kuchen einzuladen.

„Du, Oma“, sagt Milli, als Frau Seidel gegangen ist. „Darf ich jetzt raus?“

Oma guckt aus dem Fenster. Der Boden ist immer noch dicht mit Hagelkörnern bedeckt, aber das Gewitter hat sich verzogen.

„Weißt du was“, sagt Oma. „Wir gehen zusammen. So was erlebt man ja schließlich nicht alle Tage.“

„Au ja!“, ruft Milli und holt Fipsi. Der darf auch mit. Oma kramt ihre Winterstiefel hervor.

„Oma, es ist doch Sommer“, sagt Milli.

„Aber Hagel ist gefrorener Regen“, erklärt Oma. „Und der ist ganz schön kalt.“

Daran hat Milli gar nicht gedacht. Draußen greift sie als Erstes in die Hagelkörner. Sie sind wirklich eiskalt, wie Schnee.

Aufgepasst!

Weißt du noch, was Hagel ist?

Milli und Oma stapfen durch den Hagel. Oma muss dauernd grüßen, denn die Nachbarn sind fast alle auf der Straße. Und da! Am Ende der Straße steht sogar ein Feuerwehrauto.

„Das ist bei Wolframs“, sagt Oma.

„Die haben bestimmt auch einen Keller-See“, vermutet Milli.

„Aber keine so tollen Helfer wie ich“, sagt Oma und drückt Milli.

„Jaha“, ruft Milli. „Käpt’n Gummischuh und seine Mannschaft sind die Größten!“

„Darf ich den Käpt’n denn zu einem heißen Kakao einladen?“, fragt Oma.

„Heißer Kakao? Aber Oma, es ist doch …“ Milli stutzt. „Ja klar! Es ist Winter, mitten im Sommer!“

Und darum gibt es bei Oma und Milli jetzt Erdbeereis mit Schlagsahne und dazu eine große Tasse heißen Kakao.

Hexenhaar und Burggespenst

Oma und Milli wollen einen Ausflug machen. Bloß wohin, das wissen sie noch nicht. Darum sitzen die beiden auf der Bank vor Omas Haus und denken nach.

„Wir könnten in den Zoo fahren“, schlägt Oma vor. Im Zoo-Café gibt es ganz besonders leckere Käsetörtchen. Oma läuft bei der Erinnerung daran das Wasser im Mund zusammen.

„Da war ich erst letzte Woche mit Mia und ihrer Mama“, sagt Milli.

„Schade“, sagt Oma und überlegt weiter. Milli rutscht von der Bank ins Gras. Sie hat einen Marienkäfer entdeckt. Den lässt sie jetzt auf ihre Hand krabbeln.

„Ich weiß was“, sagt Oma nach einer ganzen Weile. „Wie wär’s, wenn wir uns eine Burg anschauen?“

„Eine Burg?“ Milli strahlt.

„Ja. Ich war noch nicht da, aber ich weiß, dass eine Seilbahn hinauffährt. Und oben soll es ein Lokal geben: ‚Zum kleinen Ritter‘“, sagt Oma. „Die haben leckeres Eis, hab ich gehört.“

Jetzt ist Milli Feuer und Flamme. Seilbahn fahren, das hat sie sich schon immer gewünscht! Und Eis mag sie doch auch so gerne.

Eine halbe Stunde später stehen sie schon auf dem Parkplatz neben der Talstation. Während Oma die Karten für die Seilbahn kauft, entdeckt Milli ein Plakat.

„Du, Oma, pass nur auf, dass du da nicht rausfällst“, sagt sie vergnügt.

Weißt du das?

Zu welcher Zeit wurden besonders viele Burgen gebaut?*

* Burgen wurden zur Ritterzeit im Mittelalter gebaut.

„Rausfallen? Ich? Aus der Kabine?“ Oma dreht sich um. „Na, sicher nicht, die ist doch rundherum …“ *Zu,* will sie sagen, aber das Wort bleibt ihr im Halse stecken. Sie starrt das Plakat an.

„Oh nein!“, stöhnt sie. „Die Gondeln sind ja *offen*! Das wusste ich nicht! Da setze ich mich nicht rein – NIEMALS!“

„Doch, Oma!“, protestiert Milli. „Du hast es mir versprochen!“

Oma blickt unschlüssig auf die Fahrkarten in ihrer Hand.

„Oma, bitte!“ Milli wendet ihren herzzerreißendsten Oma-Blick an. „Ich möchte doch soooo gerne.“

Oma atmet tief durch. „Also gut“, seufzt sie schließlich. „Wir versuchen es.“

„Hurra!“, ruft Milli und zerrt Oma zu den Gondeln.

„Muss man da etwa rein hüpfen, während sie fährt?“, fragt Milli den Mann, der die Seilbahn beaufsichtigt.

„Genauso ist es“, sagt der Mann. Er zeigt Oma und Milli, wo sie sich hinstellen sollen.

Oma schluckt. Da kommen schon die nächsten Sessel angeschwebt.

„Huch!“, macht Oma und plumpst in den Sitz. Milli braucht ein bisschen Hilfe, weil sie zu klein ist, um alleine einzusteigen, aber dann sitzt sie neben Oma.

„Viel Spaß!“, ruft der Mann von der Seilbahn und schließt den Sicherheitsbügel. Milli winkt

ihm fröhlich zu. Langsam hebt die Gondel mit Oma und Milli vom Boden ab.

„Oma, wir fliegen!“, ruft Milli begeistert.

„Halt dich ja gut fest“, befiehlt Oma und klammert sich an den Sitz. Aber nur mit einer Hand, mit der anderen greift sie Millis Pulli – nur zur Sicherheit.

„Oma, guck, wie hoch wir sind!“, ruft Milli.

Oma wirft einen Blick nach unten. „Ach du meine Güte“, japst sie und kneift die Augen zu.

„Oma, die Leute da unten sind sooo winzig. Siehst du die?“, fragt Milli. Aber sie hört nur ein leises Stöhnen.

„Oma?“ Milli guckt Oma an. Die ist ganz bleich.

„Sag mir Bescheid, wenn wir oben sind“, krächzt sie.

Milli kuschelt sich an Oma. „Du musst keine Angst haben“, sagt sie. **„Ich pass schon auf dich auf.“**

Hilf mit!

Hilf Milli, Oma zu beruhigen. Streichle Oma über den Arm.

Oma atmet tief auf, als sie die Fahrt endlich überstanden hat. Mit zitternden Knien tappt sie aus der Bergstation.

„Jetzt brauch’ ich erst mal einen Kaffee“, sagt sie und schaut sich um. Da hat sie das Lokal „Zum kleinen Ritter“ auch schon entdeckt und steuert darauf zu.

„Krieg ich jetzt mein Eis?“, fragt Milli.

„Ja klar kriegst du dein …“ Oma spricht den Satz nicht zu Ende. Stattdessen starrt sie auf das Schild an der Tür.

„Oma, was steht denn da?“, will Milli wissen.

„Da steht: ‚Der kleine Ritter ist krank‘“, sagt Oma tonlos. „Das Lokal ist geschlossen!“ Sie seufzt tief.

„Dann kriege ich kein Eis?“, fragt Milli.

Oma schüttelt den Kopf. Milli schiebt die Unterlippe vor. „Dann gucken wir uns eben die Burg an“, sagt sie und schaut zu dem riesigen Tor hinauf. „Vielleicht gibt’s da ja ein Burggespenst. So eins wie Pfui Buh.“

„Hui Buh“, sagt Oma matt. „Milli-Schatz, wir können die Burg nicht besichtigen, ich weiß nämlich nicht, wie lange wir für den Rückweg brauchen.“

„Aber Oma, wir wollen doch nicht schon wieder runterfahren?“, ruft Milli. „Wir sind doch gerade erst angekommen!“

„Nicht fahren, laufen“, sagt Oma.

„*Laufen*?“, fragt Milli ungläubig.

„Ja, laufen. Ich setze mich nicht noch mal in dieses Schwebeteil“, sagt Oma entschlossen. Milli starrt Oma an.

„Tut mir leid, Milli-Maus“, sagt Oma. „Aber wir machen es uns richtig nett. Wir laufen ganz gemütlich und spielen dabei, was meinst du?“

Mach mit!

Was packst du alles in deinen Koffer?

„Hm“, brummt Milli wenig begeistert. Aber Oma ist nicht umzustimmen.

Also machen sich die beiden gleich wieder auf den Rückweg. Unterwegs spielen sie **„Ich packe meinen Koffer“**.

Milli fängt an. „Ich packe meinen Koffer und nehme mit: ein Eis.“

Oma lacht. „Ich packe meinen Koffer und nehme mit: ein Eis und eine große Tasse Kaffee“, sagt sie.

Dann packt Milli ein Bonbon ein. Und Oma ein Stück Sahnetorte. Und Milli einen Schoko-Kuss. Danach ist Oma wieder dran.

„Ich packe meinen Koffer und nehme mit: ein Eis, eine Tasse Kaffee, ein Bonbon, ein Stück Sahnetorte, einen Schoko-Kuss und einen …“

„Was denn, Oma?“, fragt Milli, aber Oma

antwortet nicht. Sie schaut auf den Tropfen auf ihrem Arm. Und dann zum Himmel. Dicke schwarze Wolken haben sich über ihnen zusammengezogen. Da landet ein zweiter Regentropfen direkt auf Omas Nase.

„Das hat uns gerade noch gefehlt!“, stöhnt Oma. „Komm, Milli, jetzt müssen wir rennen.“ Oma schnappt Millis Hand und saust los. Milli kommt kaum hinterher. Inzwischen schüttet es wie aus Eimern. Keine fünf Minuten sind vergangen, da sind beide pitschnass! Langsam wird der Weg glitschig und es ist richtig neblig, so sehr dampft der Wald. Endlich sehen sie die ersten Häuser eines Dorfes.

„Gott sei Dank!“, ruft Oma erleichtert. „Wir müssen ganz fix ins Trockene.“ Eilig steuert sie das Gasthaus an, das sie gerade entdeckt hat.

Sie öffnet die Tür. Kein einziger Gast ist drinnen. Und dunkel ist es. Nur hinter der Theke brennt ein schwaches Licht. Oma zieht Milli die Jacke von den Schultern. Zu Millis Füßen bildet sich eine kleine Pfütze.

„Du bist ja nass bis auf die Haut. Hoffentlich erkältest du dich nicht", sagt Oma besorgt. Sie selbst ist weitgehend trocken geblieben, ihre Jacke hat den Regen abgehalten. Nur ihre Haare hängen tröpfelnd vom Kopf.

„Oma, du siehst aus wie eine Wasserhexe", kichert Milli.

„Na, na, na", sagt Oma und lacht.

„He", ertönt eine Stimme. Oma fährt herum. Durch die angelaufenen Brillengläser erkennt sie undeutlich eine Frau. Das muss die Wirtin des Gasthauses sein.

„Sie tropfen alles nass", stellt die Frau fest. Energisch wischt sie mit ihrer Schürze den Tisch ab. Milli beäugt die Frau neugierig.

„Tut mir leid", sagt Oma, „wir sind in den Regen geraten."

„Was Sie nicht sagen", murmelt die Frau.

„Könnten Sie uns einen Kaffee bringen?", fragt Oma. „Und einen heißen Kakao?"

„Wenn's *sein* muss …", brummt die Frau und schlurft davon. Oma schaut ihr kopfschüttelnd nach.

„Freundlich ist die aber nicht gerade", raunt sie Milli zu. Das findet Milli auch.

„Milli-Schatz, du zitterst ja", sagt Oma erschrocken. „Irgendwie müssen wir dich trocken kriegen. " Oma sieht sich um.

„Entschuldigung", sagt Oma zu der Wirtin. „Wo sind die Toiletten?"

Wortlos deutet die Frau in eine dunkle Ecke.

„Komm mit“, befiehlt Oma. „Vielleicht finden wir ja was, womit ich dich abtrocknen kann.“

Aber Handtücher gibt es keine, nur ein Luftblasgerät zum Hände Trocknen.

Denk mit!

Hast du eine Idee, wie Oma und Milli sich die Haare trocknen können?

„Zu dumm“, sagt Oma. „Ich kann dich ja wohl schlecht unter dieses Pusteteil halten, bis du trocken bist.“

„Du, Oma, ich weiß was“, sagt Milli. „Du kannst mich doch vielleicht föhnen.“

„Föhnen?“, fragt Oma.

„Ja, das macht Mia auch immer, wenn sie kalte Füße hat.“

Oma runzelt die Stirn. „Wir haben aber doch keinen Föhn.“

„Aber die Frau da draußen, die hat bestimmt einen“, meint Milli. „Ich geh mal fragen.“ Milli drückt die Türe zum Gastraum auf.

„Milli! Warte!“, ruft Oma und folgt ihr.

„Du“, sagt Milli und zupft die Wirtin an der Schürze. „Hast du einen Föhn?“

„Einen – was?“

„Einen Föhn“, wiederholt Oma. „Ich will meine Enkelin trocken föhnen.“

„Das ist nicht Ihr Ernst, oder?“, fragt die Wirtin.

„Doch“, sagt Oma. „Mein voller Ernst.“

Kopfschüttelnd verschwindet die Frau und kommt kurz darauf mit einem Haartrockner zurück.

Oma und Milli steuern mit dem Föhn den Toilettenraum an. „Wo steckeln wir den ein?“, fragt Milli, die natürlich weiß, dass ein Föhn Strom braucht.

„Stecken“, verbessert Oma und rückt ihre Brille zurecht. „Wo ist denn …? Ach da!“ Sie steckt den Stecker in die Steckdose und drückt den Schalter am Föhn. Nichts passiert.

„Der Föhn ist kaputt“, sagt Milli zu Oma.

Hilf mit!

Hilf Milli und Oma beim Haaretrocknen und puste kräftig wie ein Föhn.

„Der Föhn ist kaputt“, sagt Milli gleich noch mal, diesmal zu der Wirtin.

„Das kann nicht sein“, meint die, nimmt den Föhn und steckt ihn in eine Steckdose im Gastraum. **„Sssssssst“, macht der Föhn und pustet los.**

„Na, wunderbar!“, ruft Oma, greift den Föhn und richtet ihn auf Millis T-Shirt.

„Doch nicht hier!“, empört sich die Frau. „Wir sind hier nicht beim Friseur. Jeden Moment kann jemand reinkommen!“

„Aber jetzt sind doch nur wir da.“ Oma föhnt munter weiter. „Die Steckdose im Toilettenraum ist leider defekt.“

„Na gut“, sagt die Wirtin widerwillig. „Aber wenn Gäste kommen, hören Sie sofort auf, verstanden?“

Das verspricht Oma. Und dann föhnt sie Millis T-Shirt, ihre Hose, die Jacke und die Haare. Als Milli trocken ist, bekommt Milli den Föhn. Für Omas Wasserhexenhaare.

„Puh, bin ich froh, wenn meine Haare endlich trocken sind“, sagt Oma. In diesem Augenblick öffnet sich die Gaststättentür. Eine Frau betritt den Gastraum und schaut sich suchend um.

„Was kann ich für Sie tun?“, fragt die Wirtin die Frau eilig, um von Oma und Milli abzulenken. Aber die schaut nur die föhnende Milli an. Und Oma. Und dann fängt sie an zu lachen.

„Eigentlich wollte ich fragen, ob es im Ort einen Friseursalon gibt“, sagt sie und deutet auf ihre tropfenden Haare. „Aber hier bin ich wohl genau richtig.“

„Kommen Sie rein, es wird gleich ein Platz frei“, lacht Oma. Milli föhnt Omas Wasserhexenhaare, bis sie ihr kreuz und quer vom Kopf abstehen.

„Jetzt sehe ich aus wie Struwwelpeter“, gluckst Oma, als sie sich in ihrem Handspiegel betrachtet.

Da kommt die Wirtin mit einer Bürste. „So können Sie nicht auf die Straße“, sagt sie und hält Oma die Bürste hin. Milli und Oma gucken sich erstaunt an.

„Danke schön“, sagt Oma und freut sich. Milli bürstet Oma die Haare so lange, bis Oma wieder nach Oma aussieht. Und dann darf sie sogar Frau Lukas die Haare föhnen. So heißt die Frau nämlich. Nur bürsten will Frau Lukas ihre Haare lieber selbst.

„Was für ein verpatzter Ausflug“, sagt Oma, als alle trocken sind und zusammen am Tisch sitzen. Und dann erzählen Milli und Oma Frau Lukas, was sie erlebt haben.

„… und Kaffee gab's keinen und Eis auch nicht“, berichtet Oma.

„Aber die Burg haben Sie doch wenigstens besichtigt, oder?“

„Nööö“, sagt Milli. „Haben wir gar nicht.“

Oma räuspert sich. „Na ja, ich muss gestehen, wir sind gleich wieder runtergelaufen“, sagt sie.

„Sie sind gelaufen?“, fragt Frau Lukas. „Aber warum haben Sie denn nicht den Bus genommen?“

„Den … Bus?“ Oma starrt sie an. „Sie meinen …?“

Frau Lukas lächelt und nickt. „Ich fahre beinahe täglich mit diesem Bus. Es geht jede Stunde einer.“

„Sie schauen jeden Tag die Burg an?“, wundert sich Milli.

„**Ich mache Führungen auf der Burg**, daher kenne ich sie wie meine Westentasche – und natürlich auch das Burggespenst“, erklärt Frau Lukas.

„Ein ganz echtes Gespenst?“, staunt Milli. „So eins wie Hui Buh?“

„Ja, genau so eins“, versichert Frau Lukas. „Aber es spukt nur sehr selten und nur in der Nacht. Aber sag mal … würde es dir gefallen, wenn ich dir und

Weißt du das?

Was macht Frau Lukas als Burgführerin?

deiner Oma mal das Turmzimmer zeige, in dem es wohnt? Eigentlich dürfen da keine Besucher rein, aber für dich würde ich eine Ausnahme machen – als Dank für meine schicke Föhnfrisur."

Milli springt auf und schlingt die Arme um Oma. „Oma! Bitte, bitte sag Ja!"

„Aber nur, wenn ich nicht mit der Seilbahn hochfahren muss", sagt Oma und rollt die Augen. Und dann verabreden sie sich mit Frau Lukas gleich für nächste Woche zu einer Burgführung.

„Du, Frau Lukas, weißt du, was das Allertollste wär?", sagt Milli zu der Führerin.

„Nein, was denn?"

„Wenn dann das Burggespenst ausnahmsweise mal am Tag spuken würde", sagt Milli.

Weißt du das?

Wie klingt ein Burggespenst beim Spuken?

Oma dreht durch

Es ist sechs Uhr am Sonntagmorgen. Vorsichtig öffnet Milli die Tür zu Omas Schlafzimmer. Auf Zehenspitzen schleichen Milli und Mia an Omas Bett. Die Bettdecke hebt und senkt sich unter Omas tiefen Atemzügen. Sie schnarcht ein bisschen.

„Ich zähle bis drei“, flüstert Milli. „Eins … zwei …“ Bei „drei“ springt sie mit einem Satz und Indianergeheul in Omas Bett. Oma grunzt. Milli hüpft im Bett auf und ab. Mia zupft nur ein bisschen an der Bettdecke. Mehr traut sie sich nicht. Schließlich ist es Millis Oma und nicht ihre. Oma stößt einen Seufzer aus, aber die Augen lässt sie fest zu.

„Oma, aufwachen!“, ruft Milli.

Mia schaut Oma prüfend ins Gesicht. „Mach mehr, sie schläft immer noch“, sagt sie. Mia ist Millis allerbeste Freundin. Sie durfte mitkommen zu Millis Oma, diesmal gleich für eine Woche.

Milli rüttelt an Oma.

„Oma“, ruft sie, „du wolltest doch mit uns spielen. Du hast es versprochen!“

Oma grunzt wieder und öffnet ein Auge. Mit dem schaut sie zur Uhr. Und klappt das Auge wieder zu.

„Oma!“, ruft Milli. „Steh auf, wir wollen doch in den Zoo!“

Oma reißt die Augen auf. „Aber nicht um sechs Uhr morgens, klar?“, knurrt sie und zieht sich die Decke über den Kopf.

Milli und Mia schauen sich an. Milli stemmt die Fäuste in die Seiten. Dann zerrt sie an Omas Decke. „Oma!“, ruft sie vorwurfsvoll.

Da wird Oma richtig sauer. „Habt ihr mir nicht erst gestern versprochen, mich nicht mehr in aller Herrgottsfrühe zu wecken?“, faucht sie. „Ab ins Milli-Zimmer! Spielt alleine, wenigstens noch ein Stündchen.“ Sie blitzt Milli an. „SOFORT!“

Milli schiebt die Unterlippe vor und verzieht sich mit Mia ins Milli-Zimmer. In dieser Woche müsste es eigentlich Milli-und-Mia-Zimmer heißen, weil Mia mit Milli zusammen dort übernachtet.

„Was spielen wir denn jetzt?“, fragt Mia und lässt sich in den Sessel plumpsen.

Milli überlegt. „Indianer“, bestimmt sie.

„Mit Friedenspfeife rauchen?“, fragt Mia.

Milli nickt. „Und Kriegspfad.“

„Au ja!“, ruft Mia. „Und wo ist der?“

Milli deutet in den Flur. „Guck“, flüstert sie. „Da steht einer, mitten auf dem Kriegspfad!“

Mia nickt.

Denk nach!

Kannst du dir vorstellen, warum Oma sauer wird?

„Den krieg ich", verkündet Milli, schnappt sich ein Kissen und stürmt mit lautem Geheul in den Flur.

„Milli!", erklingt Omas krächzende Stimme aus dem Schlafzimmer.

Milli streckt den Kopf zur Tür hinein. „Ja, Oma?"

„Was ist denn das für ein Lärm?", schimpft Oma schwach. „Ihr sollt leise spielen. Leise, hörst du? Das werdet ihr doch wohl mal eine Stunde lang hinkriegen!" Sie sinkt zurück in ihr Kissen.

„Na gut", mault Milli und ist auch schon wieder verschwunden.

„Tür zu!", ruft Oma, aber das hört Milli schon nicht mehr.

„Wir sollen leise sein", sagt Milli. Leise spielen ist doof. Aber Mia hat schon eine Idee. Sie flüstert Milli etwas ins Ohr. Milli strahlt.

„Ich guck aber lieber mal, ob Oma auch wirklich schläft", sagt Milli. Vorsichtig späht sie in Omas Schlafzimmer. Oma hat die Augen wieder fest zu und schnarcht. Als Milli in ihr Zimmer zurückkommt, hat Mia schon das Laken vom Bett gezogen.

„Das gibt ein prima Zelt“, sagt sie und schiebt den Sessel nach vorne. Aber er verhakt sich am Teppich.

„Warte, ich helf dir“, sagt Milli und gibt dem Sessel einen Schubs.

„Nicht so doll!“, ruft Mia, aber da ist es schon passiert: Der Sessel kippt um und schlägt mit lautem Poltern auf den Boden!

„Au weia“, murmelt Milli.

Da steht Oma auch schon in der Tür. Sie guckt böse. „Was um alles in der Welt treibt ihr hier?“, schimpft sie. Dann reißt sie die Augen auf. Fassungslos betrachtet sie das Durcheinander aus Laken, Bettdecken und Kissen.

Milli guckt hinter dem Sessel hervor. „Wir bauen uns bloß ein Indianerzelt“, sagt sie.

Energisch packt Oma das Bettzeug wieder dahin, wo es hingehört, öffnet den Schrank und holt ein paar Decken heraus. „Nehmt die“, sagt sie knapp und drückt sie Milli in den Arm. „Ich gehe jetzt ins Bad und bis ich wieder draußen bin, herrscht hier absolute Ruhe, verstanden?“

Beim Frühstück gähnt Oma. Aber Milli und Mia wollen auf den Spielplatz. Also fährt Oma mit ihnen zum Spielplatz. Dort schläft sie beinahe auf der Bank ein. Dann wollen Milli und Mia in den Zoo. Oma schleppt sich in den Zoo. Anschließend wollen Milli und Mia Eis essen. Oma geht mit ihnen zu Enrico und spendiert den beiden ein Eis. Zu Hause wollen Milli und Mia eine Kissenschlacht machen. Oma sucht Kissen dafür zusammen. Und dann soll sie auch noch mitmachen. Oma seufzt tief, aber sie greift nach einem Kissen.

„Na wartet! Ich krieg euch“, ruft sie. Da stürzen sich Milli und Mia jubelnd auf Oma, bis am Ende alle drei lachend auf der Couch liegen.

Aufgepasst!

Was haben Milli und Mia alles mit Oma unternommen?

Am Abend, als Oma an Millis und Mias Bett sitzt, fallen ihr fast die Augen zu.

„Oma, gehst du jetzt auch schlafen?“, fragt Milli, als sie es bemerkt.

Oma schüttelt den Kopf. „Das geht nicht, ich hab noch einiges zu erledigen.“

„Was denn?“

„Na, ich muss zum Beispiel noch dein Lieblings-T-Shirt waschen, damit du es morgen wieder anziehen kannst“, sagt Oma. „Mias matschige Schuhe müssen geputzt werden und den Kuchen muss ich auch noch backen. Fürs Picknick morgen." Oma seufzt tief. Dann steht sie auf und geht zur Tür. „Schlaft gut, ihr zwei", sagt sie und knipst das Licht aus. Vor der Tür bleibt Oma einen Moment stehen. Und plötzlich lächelt sie, gerade so, als hätte sie eine gute Idee ...

Es ist mitten in der Nacht, als Milli durch ein Geräusch geweckt wird. Sie blinzelt. Durch den Türspalt scheint Licht. Das ist sicher Oma, vielleicht hat sie noch Hunger, denkt Milli. Sie kuschelt sich in ihre Decke und schlummert wieder ein. So bemerkt sie gar nicht, dass die Tür zu ihrem Zimmer geöffnet wird ...

„Aufstehen!", ruft Oma und knipst das Licht an. Sie stapft durch das Zimmer und zieht mit lautem Ratschen die Vorhänge auf.

„Oma?", fragt Milli schlaftrunken.

„Na los, raus aus den Betten!", ruft Oma. „Ich will mit euch spielen!" Sie zieht Milli und Mia die Decke weg.

„Was ist denn los?", murmelt Mia verschlafen und schaut sich nach ihrer Decke um. Oma hat sich inzwischen die Tonne mit den Legosteinen geholt und leert sie scheppernd auf dem Boden aus.

„Oma!", ruft Milli empört.

„Wo bleibt ihr denn?" Oma schiebt die Steine auseinander.

„Menno! Es ist mitten in der Nacht!", beschwert sich Milli.

„Na und?", lacht Oma.

„Oma, gib meine Decke wieder her!", ruft Milli.

Was meinst du?

Spinnt Oma wirklich?

„Hol sie dir doch!“, gluckst Oma und hockt sich mit der Decke hinter den Sessel. Mia starrt sie an. **Millis Oma spinnt, ganz klar!**

„Nicht“, beschwert sich Milli. „Ich will noch schlafen.“ Fröstelnd zieht sie die Schultern zusammen. Aber Oma wirft Milli Hose und T-Shirt zu, setzt sich auf den Boden und fängt an zu bauen. Dann steht sie nochmal auf und stellt den CD-Player an. Richtig laut. Milli hält sich die Ohren zu.

„Zwei kleine Wölfe geh'n des Nachts im Dunkeln …“, trällert Oma. Milli hüpft zum CD-Player und stellt ihn leise. Dann angelt sie sich die Bettdecke und springt schnell zurück ins Bett.

„Oma? Ist alles in Ordnung mit dir?“ Milli ist ganz unheimlich zumute.

„Alles gut, Milli-Schatz, ich will nur spielen“, sagt Oma superfreundlich. Mia hat sich inzwischen angezogen und sitzt bei Oma auf dem Boden.

„Ich bau ein Haus“, sagt sie und sucht ganz langsam die passenden Steine heraus. Milli wickelt sich in die Bettdecke und setzt sich dazu. Erst schmollt sie. Aber dann baut sie doch mit. Und danach spielen sie „Mensch-ärgere-dich-nicht“ und „Mau-Mau“.

„Halb acht“, sagt Oma schließlich, nachdem sie auf die Uhr geschaut hat. „Zeit fürs Frühstück.“

Milli gähnt. Sie gähnt beim Frühstück und danach im Auto und auf dem Spielplatz und beim Picknick. Mia gähnt auch. Den ganzen Tag. Und Oma? Oma gähnt auch, aber nur ganz heimlich.

Heute sind Milli und Mia richtig froh, als sie am Abend wieder in Omas Küche sitzen. Oma kocht den beiden ihr Lieblingsessen. Milli blinzelt müde. Mia hat den Kopf auf die Tischplatte gelegt und schlummert. Oma lächelt.

„Mia, aufwachen, das Essen ist fertig“, sagt sie. Mia rappelt sich hoch.

„Ich hab gar keinen Hunger“, murmelt sie, greift aber gehorsam zum Löffel.

„Du, Oma, aber nach dem Essen, da gehen wir gleich schlafen, ja?“, sagt Milli.

„Ihr wollt ins Bett? So früh?“, wundert sich Oma.

Milli und Mia nicken heftig.

„Und morgen schlafen wir aus, oder?“, fragt Mia vorsichtig.

„Ganz lange, nicht, Oma?“, meint Milli.

„Ja, das machen wir“, sagt Oma. **„Morgen lasse ich euch schlafen – solange ihr wollt. Versprochen!“**

Hilf mit!

Wünsche Milli, Mia und Oma eine gute Nacht!

Geflatter im Fledermaushotel

Milli und Oma sind im Garten. Oma muss das Gras mähen. Die Wiese geht zum Frisör, sagt Milli dann immer.

Oma hat eine Wildblumenwiese, die wird nur zwei Mal im Jahr gemäht, darum ist das Gras meistens richtig hoch. Milli hilft beim Mähen, denn Oma braucht jemanden, der das Kabel hält. Damit sie nicht drüberfährt, sagt sie. Gerade ist Oma mit dem Mäher am Ende der Wiese angekommen und will wenden.

„Jetzt!", brüllt sie und Milli hebt das Kabel so hoch, wie sie nur kann. Oma duckt sich und schiebt sich und den Rasenmäher unter dem Kabel durch. Dann fährt sie rüber auf die andere Seite. Da machen sie es wieder genauso.

„Du bist wirklich die beste Rasenmäherkabel-Hochhalterin der Welt", lobt Oma, als sie den Mäher abgeschaltet hat, um den Auffangkorb auszuleeren. Milli strahlt.

„Du, Oma, sag mal, was ist denn das?", fragt sie und zeigt auf einen grauen Kasten am Stamm des alten Kirschbaums.

„Das ist mein Fledermaushotel", sagt Oma.

„Ein Fledermaus…hotel?" Milli kichert.

„Na ja, ich nenne es nur so", sagt Oma. „**Die Fledermäuse nutzen es nämlich nur am Tag**. Zum Schlafen. Eben wie ein Hotel."

Milli befühlt den schmalen Schlitz in der Vorderseite des Kastens. „Und da passen die durch?"

Aufgepasst!

Weißt du, warum die Fledermäuse das Fledermaushotel nur am Tag nutzen?

Weißt du das?

Hat Milli recht?

„Na, das sollten sie wohl."

„Mama hat gesagt, die schlafen mit dem Kopf nach unten."

„Stimmt", bestätigt Oma.

„Mit dem Kopf nach unten hängen kann ich auch", sagt Milli. „Auf dem Spielplatz. Aber da wird mir immer ganz schwindelig."

Oma schwingt das Rasenmäherkabel auf die andere Seite. „Keine Sorge, den Fledermäusen wird bestimmt nicht schwindelig."

„Sind gerade welche drin?", fragt Milli.

„Es war noch nie eine drin", sagt Oma. „Sie haben den Kasten wohl noch gar nicht entdeckt."

Der Rasenmähermotor beginnt wieder zu brummen. Milli nimmt das Kabel, aber den Kasten behält sie fest im Auge. Falls doch eine Fledermaus in den Kasten schlüpft. Da würde Oma aber staunen!

Schnaufend schiebt Oma den Mäher durch das hohe Gras.

„Oma, warte mal!", ruft Milli plötzlich. Aber Oma hört nichts. Milli zieht Oma heftig am Arm. Tuck-tuck-tuck macht der Motor, dann ist er aus.

„Milli, was ist denn?"

„Da war was drin!" Aufgeregt zeigt Milli zum Fledermauskasten. „Ein Vogel! Ich hab ihn wegfliegen sehen!"

„Bist du sicher?", fragt Oma. „Ein Vogel?"

„Ja, da sitzt er noch. Der da!" Milli deutet auf einen kleinen

Vogel im Kirschbaum. Oma rückt ihre Brille zurecht und äugt ins Laub. Endlich hat sie ihn auch entdeckt.

„Oh! Eine Blaumeise!", ruft Oma. Sie kratzt sich nachdenklich am Kopf. „Ich hab mal gelesen, dass es passieren kann, dass Meisen in einem Fledermauskasten nisten. Allerdings können die Meisenkinder oft nicht ausfliegen, weil sie nicht nach draußen finden."

„Es ist doch gerade einer rausgekommen!"

„Das war sicher ein Elternvogel."

„Aber wenn der durch den Schlitz passt, dann können es die Kleinen doch erst recht."

„Nicht unbedingt", sagt Oma. „Sie sind noch zu ungeschickt."

„Müssen sie dann drin bleiben?", fragt Milli.

„Das kann passieren."

„Aber die Eltern füttern sie, oder, Oma?"

„Ich denke, noch eine Weile."

„Und dann?"

„Na ja, irgendwann hören sie wohl auf."

„Kriegen die Meisenkinder nicht Hunger?", fragt Milli.

„Ja, großen sogar", sagt Oma. „Sie müssen verhungern, wenn es keiner bemerkt."

„Oh nein!", ruft Milli erschrocken. „Wir müssen ihnen helfen!"

Das findet Oma natürlich auch. „Weißt du was? **Wenn ich fertig bin, schauen wir mal rein in den Kasten.** Ganz vorsichtig. Eigentlich muss man einen Meisenkasten ja ganz in Ruhe lassen. Aber das hier ist ein Notfall."

„Weil es eben kein Meisenkasten ist."

„Genau. Und deshalb schauen wir mal. Ausnahmsweise", betont Oma.

„Und – lassen wir die Kleinen raus?"

„Ja, wenn welche drin sind. Nur flügge müssen sie sein", sagt Oma.

„Flügge?"

Was meinst du?

Was werden Milli und Oma in dem Fledermaushotel finden?

„So nennt man es, wenn sie groß genug sind, um selbst zu fliegen und sich ihr Futter zu suchen.“

Hilf mit!

Hilf Oma beim Rasenmähen. Brumme wie ein Rasenmäher.

Oma wendet sich wieder dem Rasenmäher zu. Der Motor brummt los, aber Milli hat keine Zeit mehr zum Rasenmäherkabelhochhalten. Sie muss das Fledermaus-Meisen-Hotel beobachten. **Hin und her fährt Oma.** Beim Wenden schimpft sie immer ein bisschen, weil das so schwierig ist ohne Hilfe. Endlich ist die Wiese fertig gemäht.

„Es ist keiner mehr raus- oder reingeflogen“, sagt Milli. „Gucken wir jetzt?“

Oma zögert. „Also gut, wir schauen nach.“ Sie holt die kleine Trittleiter, damit Milli mitgucken kann. Milli klettert rauf und hält sich am Stamm des Kirschbaums fest. Vorsichtig löst Oma den Haken und öffnet den Kasten, indem sie das vordere Teil abhebt.

„Huch!“, macht Oma, als eine Meise haarscharf an ihrem Kopf vorbeifliegt. Verblüfft schaut sie dem Vogel nach.

„Oma, guck doch! Da sind Eier! Klitzekleine“, ruft Milli. Tatsächlich. In dem Nest liegen lauter Vogeleier. Erschrocken macht Oma den Kasten wieder zu.

„Sie brüten! Und wir haben sie gestört.“ Oma schaut ganz bekümmert.

„Aber die Vogeleltern kommen wieder, Oma, oder?“, fragt Milli.

„Das hoffe ich“, sagt Oma.

„Und wenn die Kleinen irgendwann schlüpfen, wie kommen die dann später raus?“

„Das ist ja das Problem. Vielleicht eben gar nicht. Wir müssen uns unbedingt was einfallen lassen“, sagt Oma.

„Ich weiß was“, sagt Milli. „*Ich* brüte die Eier aus. In meinem Bett, da haben sie es schön warm und sie müssen später nicht durch den Schlitz.“

„Warm ist es schon, aber nur, wenn du auch mit drin liegst“, lacht Oma. „Und du willst doch nicht tagelang im Bett bleiben, oder?“

Nein, das will Milli nicht. „Dann legen wir das Nest in den Baum“, schlägt Milli vor und deutet nach oben in die Kirschbaumkrone. „Von da können sie prima wegfliegen.“

„Gut mitgedacht, Milli“, sagt Oma. „Aber das geht leider auch nicht. Meisen brauchen eine Höhle zum Nisten.“

Milli und Oma denken angestrengt nach, aber es will ihnen einfach nichts einfallen.

„Ich bringe erst mal den Rasenmäher weg“, sagt Oma. „Vielleicht haben wir später noch eine Idee. Machst du mal die Tür auf? Sie ist zugefallen.“

Milli läuft voraus und öffnet die Tür, die vom Garten direkt in die Garage führt. Sie macht einen Schritt hinein – doch weiter kommt sie nicht. Ein alter Vogelkäfig versperrt ihr den Weg. In Omas Garage steht nämlich nicht das Auto wie daheim bei Milli, nein, Omas Garage ist voll mit altem Zeug. Weil Oma nichts wegwerfen kann.

So hat sich neben dem Vogelkäfig noch jede Menge anderer Krimskrams angesammelt: ein kaputter Katzenkorb, bunte Blumenkästen, Omas alte Stehlampe und die alte Matratze, auf der man so toll hopsen kann.

„Milli, mach mal Platz. Der Rasenmäher soll dahin, wo du stehst“, sagt Oma. Milli zwängt sich an dem Käfig vorbei und stellt sich auf die Matratze.

„Oma!“, ruft sie plötzlich. „Du hast ja noch so einen Kasten, einen mit Loch!“

„Ja, das ist ein alter Meisenkasten“, sagt Oma. Sie rollt das Rasenmäherkabel zusammen. „Aber der ist kaputt, den können wir nicht gebrauchen.“

Milli hebt das vordere Teil ab. Es ist noch ganz. „Du, Oma“, sagt sie. „Können wir das nicht ans Hotel dranmachen?“

Oma betrachtet den Verschluss. „Ja … tatsächlich. Das könnte gehen!“, ruft sie. „Komm, Milli, das probieren wir gleich aus, solange die Meiseneltern noch weg sind. Damit wir sie nicht nochmal erschrecken.“

Milli rennt in den Garten und klettert die Trittleiter hoch. Oma nimmt das Vorderteil des Fledermauskastens wieder ab.

„Verflixt!“, sagt sie. „Die Haken passen nicht, ich krieg’s nicht dran.“

„Und wenn wir’s anpappen? Mit Klebestreifen?“, schlägt Milli vor. „Ich hab Fipsi so mal das Bein angeklebt, als es ab war.“

„Milli, das ist ja eine prima Idee“, lobt Oma. „Klebestreifen vielleicht nicht gerade, die sind zu dünn, aber Paketklebeband ginge. Holst du das mal? Es liegt in der Küche in der mittleren Schublade.“

Milli saust los.

„Und bring noch eine Schere mit!“, ruft Oma ihr hinterher.

Milli kommt mit Paketband und Schere zurück.

„Schnell, Oma“, drängelt Milli. „Da drüben sitzt der Meisenpapa und schimpft.“ Oma eilt sich, aber die Paketbandstreifen kleben immer da fest, wo sie nicht sollen. An der Schere. Und an Omas Arm. Milli muss lachen. Endlich ist es geschafft.

Von der Terrasse aus beobachten Milli und Oma den Kasten. „Du, Oma, wenn keiner mehr kommt, was ist dann mit den Eiern?“

„Die verderben irgendwann“, sagt Oma. „Wie Hühnereier auch, wenn man sie nicht rechtzeitig isst.“

„Kann man Vogeleier auch essen?“, fragt Milli. „Wenn man sie einsammelt, genau wie die Eier im Hühnerstall?“ Wie **klitzeklein** ein solches Spiegelei wäre. Genau richtig für Fipsi.

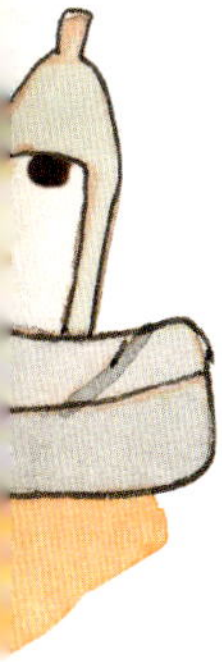

Schau hin!

Kannst du den Meisenkasten entdecken?

Weißt du das?

Weißt du, wie klein das Ei einer Meise ist? Zeige es mit deinen Fingern.*

* Ein Meisenei ist ungefähr 15 mm lang und 11 mm breit.

Frag nach!

Was meint Oma mit „für den hohlen Zahn"?

Oma lächelt. „Nein, Milli-Schatz, die darf man nicht einsammeln und essen schon gar nicht. Singvögel sind wildlebende Tiere, die sind geschützt, weißt du? Und außerdem wäre das sowieso nur was für den hohlen Zahn."

Millis Zunge fährt durch ihren Mund. **Aber sie hat doch gar keinen hohlen Zahn.** Und Fipsi auch nicht. Gerade will sie Oma danach fragen, da schlüpft eine Meise in den Kasten.

„Oma, da, guck!", ruft Milli.

Oma seufzt erleichtert auf. „Oh, bin ich froh! Alles ist gut." Sie lässt sich auf den Gartenstuhl fallen. Eine Weile schauen sie den Meiseneltern zu, die aufgeregt um das Häuschen herumfliegen und immer wieder hinein- und hinausschlüpfen. Das geht durch das runde Loch ganz leicht.

Dann wirft Oma einen Blick auf die Uhr.

„Zeit fürs Abendessen", sagt sie. „Hast du Hunger?" Milli nickt.

„Und ich hab auch schon eine Idee, was wir essen können", sagt Oma. „Wir machen uns …"

„Ich weiß schon!", ruft Milli. „Hühnereier-Spiegelei – für einen riesengroßen hohlen Zahn!"

Kleisterschnipsel-Chaos

Es ist Herbst. Der Wind pfeift um Omas Häuschen und Regen prasselt an die Fensterscheibe. Es ist noch nicht mal richtig Abend, aber draußen ist es schon stockdunkel. Nur in Omas Küche ist es hell und warm und kuschelig gemütlich. Richtig mümmelig eben, wie Milli immer sagt. Mia findet das auch. Sie ist an diesem Wochenende wieder mal mit bei Oma. Gerade haben sie zu Abend gegessen und den Tisch abgeräumt. Dann ist Oma verschwunden.

„Wo sie bloß ist?", fragt Milli und späht in den Flur. Aber Oma ist nirgends zu sehen. Nach einer Weile kommt Oma mit einer riesigen Stofftasche in die Küche.

„Wisst ihr, was wir heute Abend machen?", ruft sie munter. „Wir basteln Laternen!" Oma packt die Tasche aus. Zuerst kommt ein Stapel alter Zeitungen zum Vorschein, dann ein paar Bögen farbiges Seidenpapier, ein Päckchen Kleister, ein Glas und ein Stäbchen zum Umrühren und zum Schluss eine Tüte mit Luftballons. Oma stellt das Radio an, damit es das Sturmbrausen ein bisschen übertönt. Dann bekommen Milli und Mia je eine von Omas Schürzen. Natürlich sind sie viel zu groß, aber das macht nichts. Milli dreht sich zur Musik und tut so, als hätte sie ein

Ballkleid an. Oma deckt den Tisch mit Zeitungspapier ab, aber ein Teil der Zeitungen bleibt übrig.

„Zuerst zerreißen wir die Zeitung in viele kleine Papierschnipsel“, sagt Oma.

Eifrig machen sich Milli und Mia an die Arbeit. Oma rührt derweil den Kleister an.

Aufgepasst!

Weißt du noch, was Oma, Milli und Mia basteln wollen?

„Oma, ist das genug?“, fragt Milli, die einen Berg Schnipsel vor sich liegen hat.

„Ja, das sollte wohl reichen“, sagt Oma. **Jetzt kommen die Ballons dran.** Oma reißt die Tüte auf. Milli schaut sich die Tüte genau an.

„Eine Ente!“, ruft sie.

„Und ein Hase, guck Milli!“, jubelt Mia. Außerdem gibt es noch Maus und Frosch und dann hat Oma noch ein Herz. Von den Tieren sind immer zwei von

einer **Sorte in der Packung**, aber von dem Herzballon gibt es nur einen. Den hatte Oma noch übrig von einer Hochzeit, zu der sie eingeladen war.

„Ich nehm das Herz!“, ruft Mia.

„Nein, ich!“, ruft Milli.

„Aber Milli“, sagt Oma. „Gerade hat dir doch die Ente noch so gut gefallen!“

„Jetzt will ich aber das Herz“, beharrt Milli.

„Mia, willst du nicht vielleicht den Hasen nehmen?“, fragt Oma. „Den mochtest du doch so.“

Mia schüttelt stumm den Kopf.

„Bevor es hier Streit gibt, nehme ich das Herz“, bestimmt Oma. „Ihr sucht euch von den Tieren was aus.“

Milli mault, aber dann nimmt sie die Maus. Mia wählt dann doch den Hasen. Oma will gerade den Mausballon aufblasen, da ruft Milli: „Oma, darf ich pusten?“

Oma lässt den Ballon sinken. „Das ist gar nicht so einfach. Ich weiß nicht, ob du das schon hinkriegst.“

„Bitte, Oma!“, bettelt Milli.

Oma zögert, dann gibt sie Milli den Ballon. Milli setzt ihn an den Mund und pustet, so doll sie nur kann. Aber die meiste Luft geht daneben.

„Hast du die Öffnung auch richtig im Mund?“, fragt Oma.

Milli nickt. Dann versucht sie es nochmal. Ihre Backen sind rund, als hätte sie sich den Mund mit Gummibärchen vollgestopft. Ganz rot wird sie im Gesicht. Mia kichert.

„Jetzt siehst du beinahe selber aus wie ein Luftballon“, sagt sie.

„Soll nicht doch lieber ich den Ballon aufblasen?“, fragt Oma.

Milli nickt und gibt Oma den Ballon.

Die holt tief Luft und pustet. Der Ballon wird größer und größer.

Aufgepasst!

Welche Tier-Ballons gibt es in der Packung?

„Mehr, Oma“, sagt Milli. „Meine Maus sieht noch gar nicht wie eine Maus aus, eher wie ein Ei.“

Oma bläst weiter, einmal, zweimal. Endlich formen sich auch die Ohren der Maus heraus. Dann knotet Oma den Ballon zu – fertig! Jetzt kommt Mias Hase dran.

„Darf ich auch probieren?“, fragt Mia. „An meinem Geburtstag hab ich auch schon mal einen Luftballon aufgeblasen. Ganz alleine!“

Oma seufzt. Aber dann nickt sie. Mia pustet, aber sie hat gar keine dicken Backen. Der Ballon dehnt sich und wird größer und größer.

„Boah, Mia!“, ruft Milli. „Aber er sieht gar nicht aus wie ein Hase, eher wie ein Wurm.“

Das muss Mia lachen und lässt den Ballon, ohne es zu wollen, los.

„Huch!“, macht Oma, als der Ballon an ihrem Kopf vorbeischnurrt. **Durch das ganze Zimmer saust er.** Dazu macht er ein schnarrendes Geräusch. Schließlich landet er auf dem Herd – mitten in dem Topf mit den restlichen Nudeln. Milli und Mia prusten los.

Mach mit!

Fahre die Ballonspur mit dem Finger nach.

„Ich glaub, ich mach das doch lieber selbst“, sagt Oma, als sie den Luftballon aus dem Topf angelt. Kurze Zeit später ist auch Mias Ballon rund und prall und sieht aus wie ein Hase.

„Und jetzt?“, fragt Milli.

Oma zieht das Glas mit dem Kleister heran. Dann kriegt jeder einen Pinsel. „Jetzt pinseln wir den Ballon mit Kleister ein“, erklärt Oma. „Schön vorsichtig, damit er nicht platzt.“

Milli taucht ihren Pinsel tief in den Kleister. Als sie ihn herauszieht, tropft es.

„Nicht so viel, Milli“, mahnt Oma. „Du kleckst hier ja noch alles voll.“

„So?“, fragt Mia und taucht ihren Pinsel vorsichtig in das Kleisterglas.

„Da ist ja fast nichts dran“, bemerkt Milli.

„Ein bisschen mehr darf es schon sein“, sagt Oma. Milli hält den Ballon am Knoten fest und streicht den Kleister vorsichtig auf die gespannte Gummihaut. Mia macht das Gleiche mit ihrem Hasen. Und Oma kleistert das Herz ein.

„Jetzt kleben wir die Schnipsel drauf, nicht, Oma?“

Oma nickt.

„Ich kann das schneller!“, ruft Milli mit einem Seitenblick auf Mia. Mia kämpft gerade mit einem Schnipsel, der lieber an ihrer Hand als auf dem Ballon kleben möchte.

Schau hin!

Welche Farbe hat Millis Ballon?

Milli tippt den eingekleisterten Pinsel in die Schnipsel. Ein paar kleben am Pinsel fest. Die streicht sie gleich **auf den Ballon**, ohne sie in die Hand zu nehmen.

„Prima Trick“, lobt Oma.

„Kann ich auch“, ruft Mia und macht es Milli nach. Dann pinseln die beiden um die Wette, dass es nur so spritzt.

„Nicht so wild“, lacht Oma. „Ich will ja nicht nachher die halbe Küche putzen.“ Im Radio läuft gerade Omas Lieblingslied. Sie summt mit und wippt dabei mit dem Fuß. Da klingelt im Flur das Telefon.

„Dass ihr mir hier nicht alles verwüstet“, sagt Oma und geht nach draußen. Milli und Mia machen in der Zwischenzeit weiter. Sie sind schon bei der zweiten Kleister-Schnipselschicht, als Oma zurückkommt. Sie hat ihre Kamera mitgebracht.

„Ich mach mal ein paar Fotos von euch beiden“, sagt sie und fängt an zu knipsen. „So fleißig seid ihr und das sieht so ...“ gemütlich aus, will Oma sagen, aber in diesem Moment zerplatzt Millis Ballon mit einem lauten Knall.

„Mein Ballon!“, brüllt Milli.

„Meine Küche!“, ruft Oma. Sie steht da wie vom Donner gerührt. Dann lässt sie sich auf einen Stuhl fallen und schaut sich um. „Oh Hilfe! All diese Schnipsel ... und der Kleister, der ist ja **Ü-BER-ALL**!“

„Ja, Oma“, sagt Milli. „Guck, der ganze Tisch ist voll.“

Oma lächelt gequält.

„Und der Boden“, sagt Mia.

„Und die Mia“, lacht Milli und deutet auf einen Kleisterklecks in Mias Gesicht.

„Du aber auch!“, ruft Mia.

„Und die Lampe“, zählt Milli weiter auf.

„Die Tapete.“

„Sogar die Decke.“

„Und die Gardine.“

Was meinst du?

Wo können überall Kleisterspuren sein?

Hilf mit!

Hilf Milli, den Kleiderschnipsel aus Omas Haar zu ziehen.

„Und dein Haar, Oma."

„Hört auf!", stöhnt Oma und fasst sich an den Kopf. Es klebt. **Milli zieht ihr den Kleisterschnipsel aus dem Haar.**

„Du, Oma, wir helfen sauber machen", sagt Milli, der Oma leidtut.

„Das ist wirklich lieb, Milli, damit würdet ihr mir einen großen Gefallen tun", sagt Oma und steht auf.

Da kichert Milli los. „Oma, da klebt ein Schnipsel an deiner Hose!"

Jetzt muss Oma auch lachen. Sie wischt sich über die Hose und prompt klebt der Schnipsel an ihrer Hand. „Ist der aber anhänglich", murmelt sie und schnickt ihn energisch in die Spüle.

Und dann fangen sie an zu wischen. Den Tisch lassen sie erst mal so, wie er ist. Schließlich sind die Laternen noch nicht fertig. Aber sie schrubben die Eckbank, den Boden, die Wände, sich selbst, die Gardinen und den Herd. Mit einem Besens versucht Oma, die Kleckse an der Decke wegzuwischen, aber das ist schwierig.

„Dann eben nicht", brummt Oma und stellt den Besen in die Ecke.

„Und jetzt?", fragt Milli. „Jetzt hab ich gar keinen Ballon mehr!"

„Ein Mausballon ist ja noch da", sagt Oma und bläst für Milli die zweite Maus auf, aber nicht mehr so fest. Darum hat sie nur ganz kleine Ohren. Aber das ist in Ordnung. Milli will ja nicht, dass ihr Ballon nochmal platzt.

Eine Stunde später sind alle Ballons fertig eingekleistert und beklebt und müssen nun erst mal trocknen.

„Einen ganzen Tag?", fragt Milli und schiebt die Unterlippe vor. „Aber morgen machen wir sie fertig, ja, Oma?"

Oma nickt. „Morgen, wenn sie trocken sind, lassen wir den Ballon innendrin platzen", erklärt sie. „Dann bekleben wir die

Pappmascheehülle mit buntem Transparentpapier und schneiden ein paar Löcher hinein. Das sieht besonders hübsch aus."

„Und dann? Stellen wir sie in den Garten?", fragt Milli. „Mit Kerzen drin?"

„Genau", sagt Oma. „Und wenn es dunkel wird, können alle Nachbarn unsere wunderschönen Laternen bewundern."

„Knipst du die dann auch mal, Oma?"

„Klar", sagt Oma. Sie nimmt ihre Kamera, drückt ein paar Tasten und schaut auf den Mini-Bildschirm. „Das ist ja nicht zu fassen!", ruft sie.

„Oma, was ist denn?", fragt Milli. Statt einer Antwort dreht Oma den Fotoapparat, so dass Milli und Mia das Bild sehen können.

„Was ist denn das?", fragt Milli, aber dann erkennt sie es. „Oma, du hast den Ballon geknipst – gerade als er platzt!"

„Ja, haha! Was für ein Schnappschuss!" Oma strahlt. „Und gestochen scharf! Genial! So was kriegt man nicht alle Tage. Was sind dagegen schon ein paar Kleisterspritzer an der Decke?"

„Gut, dass ich ein bisschen zu fest gedrückt habe, nicht, Oma?"

Oma nimmt Milli und Mia in den Arm. „Ja", sagt sie. **„Und genau im richtigen Moment."**

Schau hin!

Was ist auf Omas Schnappschuss zu sehen?

Parkschein, Pech und Polizei

Milli und Oma sind in der Stadt zum Einkaufen. Mit Oma einkaufen zu gehen ist prima, denn Oma kann nur selten Nein sagen, wenn Milli etwas haben möchte.

Heute hat Milli ein rosa T-Shirt bekommen, ein buntes Perlenarmband, eine Brezel und eine Riesenportion Eis. Und jetzt stehen Oma und Milli satt und müde am Kassenautomaten im Parkhaus und wollen nach Hause.

„Wo hab ich ihn denn nur …“, murmelt Oma. Sie hat heute ihre Lesebrille vergessen. Alles, was nah ist, sieht sie deshalb nur schummerig, wie Milli immer sagt.

„Milli, guck doch mal, ob du den Parkschein findest“, sagt Oma. „Da ist so ein blauer Streifen drauf.“

Milli fingert eine Karte aus dem Portemonnaie.

„Ah ja! Genau die ist es!“, sagt Oma und schiebt das Kärtchen in den Automaten. ‚Sssssst‘, macht es, die Karte ist verschwunden. Und – flupps – ist sie wieder da!

„Oma“, sagt Milli und deutet auf die Karte. „Soll die nicht drin bleiben, bis du Geld reingeworfen hast?“

„Das sollte sie allerdings“, sagt Oma. Sie dreht das Kärtchen um. Diesmal darf Milli es in die Öffnung schieben. Ssssst – die Karte ist weg und – flupps – wieder da.

„Na, da ist aber der Wurm drin“, sagt Oma.

„Ein Wurm?“, fragt Milli und schielt in den Schlitz.

„Kein echter Wurm“, erklärt Oma. „Das sagt man nur so, wenn was schiefgeht.“

„Och, schade“, murmelt Milli.

„Bestimmt gibt es einen Knopf für so was“, sagt Oma und kneift die Augen zusammen, aber die Schrift kann sie trotzdem nicht lesen. „Weißt du was, ich

Weißt du das?

Was meint Oma mit „Da ist der Wurm drin“?

drück jetzt einfach mal auf den Knopf da. Viel kann ja nicht passieren, es wird ja wohl kein Feuerwehr-Notruf-Knopf sein." Oma zwinkert Milli zu.

Und wenn doch?, denkt Milli. Am Ende kommen die sogar mit einem Feuerwehrauto! Hoffnungsvoll drückt sie den Knopf. Aber statt einer Sirene hören sie einen krächzenden Laut.

„Oma, der Automat spricht", ruft Milli.

„Pscht!", macht Oma und beugt sich vor.

„HALLO!", brüllt sie den Automaten an, so laut, dass Milli zusammenzuckt. „Wir kommen hier nicht raus. Können Sie uns helfen?"

Hilf mit!

Gib Oma Verstärkung und rufe laut mit ihr „JAAA"!

Ein Knacken ist zu hören. „Haben Sie die Karte eingeführt?", tönt es blechern.

„Aber ja!", ruft Oma.

„Wie bitte?"

„JAAA!", brüllt Oma, so laut sie nur kann. „DIE KOMMT BLOSS WIEDER RAUS!"

„Drücken Sie bitte den blauen Knopf und schieben Sie die Karte nochmal in den Schlitz."

Milli drückt den Knopf und gibt der Karte einen Schubs. Ssssst – flupps.

„Geht's?", fragt der Automat.

„NEIN!", rufen Oma und Milli gleichzeitig. Einen Moment lang ist nur Rauschen zu hören.

„Kommen Sie bitte vor das Parkhaus und warten Sie an der Telefonzelle. Ich bin gleich bei Ihnen."

Oma schnappt sich die Karte und geht mit Milli nach draußen. Mit einem tiefen Seufzer lässt sie sich auf die Bank neben der Telefonzelle fallen. Milli kuschelt sich an sie. Plötzlich ertönt ein Klingelton.

Denk nach!

Weißt du, was eine Telefonzelle ist?

„Oma, dein Handy klingelt", sagt Milli. Oma angelt in ihrer Handtasche nach dem Mobiltelefon.

„Ist gar nicht meins", sagt sie. Milli guckt sich um, aber da ist sonst niemand. „Du, Oma", sagt Milli, „ich glaub', die **Telefonzelle** klingelt."

„Was?“ Oma starrt die Telefonzelle an. Tatsächlich! Das öffentliche Telefon klingelt! Oma steht auf.

„Wieso ruft denn hier einer an?“, wundert sich Milli.

„Vielleicht ist der Anruf ja für uns. Wegen der Parkkarte. Wir sollten doch genau hier bei der Telefonzelle warten.“

„O ja, Oma, heb doch mal ab!“, ruft Milli. „Schnell, Oma, bevor es aufhört!“

„Ja, bitte?“, sagt Oma und hält den Hörer so, dass Milli mithören kann.

„Guten Tag, hier spricht die Polizei. Wir brauchen Ihre Hilfe. Wir suchen eine Person und würden gerne wissen, ob Sie diese Person von Ihrem Standort aus sehen können.“

Die Polizei! Milli nickt begeistert. Na klar wollen sie helfen!

„Wie sieht die Person denn aus?“, will Oma wissen.

„Es ist eine Frau, Mitte sechzig, sie hat graue Haare und trägt dunkelblaue Jeans und eine weiße Bluse mit Blümchenmuster.“

Milli starrt Oma an. **„Oma“, flüstert sie, „das bist ja du!“** Oma schluckt und schaut an sich herunter. Es stimmt. Die Beschreibung passt genau.

Aufgepasst!

Wie hat der Mann am Telefon Oma beschrieben?

„Oma, warum sucht dich denn die Polizei?“, wispert Milli. „Hast du was geklaut?“

„Milli, wo denkst du denn hin!“, entrüstet sich Oma. Aber ein bisschen ist sie doch beunruhigt.

„Komm, Oma, wir hauen ab“, flüstert Milli. Aber Oma schüttelt den Kopf.

„Hallo?“, tönt es aus dem Hörer.

Oma räuspert sich. „Ja, also“, stottert sie, „hier ist zwar eine Person, auf die Ihre Beschreibung passt …“

„Meine Oma!“, ruft Milli dazwischen.

„Ja … aber Sie können doch nicht ernsthaft mich meinen …“, stammelt Oma.

Da erklingt am anderen Ende der Leitung schallendes Gelächter.

„Entschuldigen Sie bitte“, sagt der Mann am Telefon. „Wir haben uns nur einen kleinen Spaß erlaubt. Wir können Sie von unserem Büro aus sehen. Mein Kollege ist gleich bei Ihnen.“

Weißt du das?

Was ist ein Schlingel? *

Milli guckt zu den Fenstern hoch und sieht zwei Männer eifrig winken. „Oma, da!“, ruft sie und winkt zurück.

„Na, das sind ja **Schlingel**“, lacht Oma erleichtert und hängt den Hörer ein. Da kommt schon ein Mann auf sie zu. Er reicht Oma ein Kärtchen.

„Damit können Sie die Schranke öffnen“, sagt er. „Und entschuldigen Sie bitte den kleinen Scherz. Sie parken natürlich kostenfrei – als kleine Entschädigung.“

* Man kann auch Schlawiner oder Schlitzohr sagen.

„Oh, vielen Dank!“, sagt Oma überrascht und nimmt das Kärtchen.

„Komisch“, meint Oma wenig später, als sie im Parkhaus nach ihrem Auto suchen.

„Ich hätte geschworen, dass ich es genau hier abgestellt habe. Ob ich mich vielleicht im Stockwerk geirrt habe?“

Oma und Milli fahren ein Stockwerk tiefer. Aber da ist Omas Auto auch nicht!

„Das gibt’s doch nicht!“, ruft Oma. „Was ist das nur für ein Tag heute!“

Hilf mit!

Streichle Oma beruhigend über den Kopf.

„Ja, da ist der Wurm drin“, sagt Milli. Oma zupft ein Taschentuch aus der Handtasche und tupft sich den Schweiß von der Stirn.

„Vielleicht hat es einer geklaut“, vermutet Milli.

„Bloß nicht!“ Oma schüttelt entsetzt den Kopf.

„Müssen wir jetzt hier übernachten?“, fragt Milli und sieht sich schon mal nach einem geeigneten Plätzchen um.

„Niemals“, protestiert Oma. „Das wäre ja noch schöner!“

Milli und Oma setzen sich draußen auf die Bank. Oma muss nachdenken und im Sitzen geht das besser. Milli baumelt mit den Beinen. Sie guckt einer Taube hinterher, die gerade auf dem Haus gegenüber landet.

„Du, Oma, das Haus da sieht genau aus wie unser Parkhaus, findest du nicht?“

„Wie?“ Oma schaut hinüber.

„Und wenn du vielleicht da geparkt hast?“, fragt Milli.

Eine ganze Weile sagt Oma gar nichts. Dann murmelt sie: „Du hast recht … ja … es könnte tatsächlich …“

Sie kratzt sich am Kopf. „Komm!“, sagt sie schließlich entschlossen. „Wir sehen gleich mal nach.“

„Der Aufkleber lag heute Morgen schon hier“, stellt Milli fest, als sie das Parkhaus betreten. Den hatte sie nämlich zuerst aufheben wollen, wegen der Maus, die drauf abgebildet ist. Aber Oma mag es nicht, wenn sie Sachen vom Boden aufhebt.

Und dann sieht sie es: Omas Auto. Es steht genau da, wo Oma es am Morgen abgestellt hat!

„Milli, du bist ein Schatz", jubelt Oma und drückt Milli an sich. „Und jetzt weiß ich auch, warum der Automat nicht funktioniert hat. Es war einfach der falsche!"

Auf einmal müssen beide so sehr lachen, dass Milli Schluckauf bekommt und Oma sich an einem Pfeiler anlehnen muss. Immer noch glucksend steigt Oma ins Auto ein und fährt los. Endlich stehen sie vor der Schranke.

Mach mit!

Lache fröhlich mit Milli und Oma!

„Oh nein!" Oma schlägt sich mit der Hand vor die Stirn. „Jetzt hab ich doch völlig vergessen, am richtigen Kassenautomaten zu bezahlen!" Aber zurück kann sie nicht mehr. Hinter ihr steht schon ein Auto.

„Da ist ja schon wieder ein Wurm drin", sagt Milli vergnügt. Und dann hat sie eine Idee: „Du, Oma, probier doch mal das Kärtchen von dem Mann."

„Du hast recht", sagt Oma. „Wenn wir Glück haben …"

Milli hält die Luft an. Zuerst geschieht gar nichts, doch dann hebt sich die Schranke mit einem Ruck nach oben.

„Hurra!", brüllt Milli und Oma beeilt sich, nach draußen zu fahren.

„Oma, warst du froh, als die Schranke hochging?", fragt Milli, als sie am Abend zu Oma ins Himmelbett krabbelt.

„Oh ja, und wie."

„Und dass die Polizei dich nicht eingesperrt hat?"

Oma lächelt. „Ja, das auch."

„Ich auch", sagt Milli. „Sonst könnte ich nämlich gar nicht mehr ‚Mensch-ärgere-dich-nicht' mit dir spielen."

Oma nickt. „Und wir könnten nicht mehr zusammen backen", sagt sie.

„Und keine Meisenkinder mehr retten", sagt Milli.

„Und keine Burgen mehr anschauen", sagt Oma.

„Aber Oma, und weißt du, was das Allerschlimmste wäre?", fragt Milli.

„Nein, was denn?", fragt Oma.

Milli rückt ganz dicht an Oma heran. „Ich könnte dann gar nicht mehr mit dir knuddeln", murmelt sie. „Das wär schlimm, nicht, Oma?"

„Ganz schlimm", bestätigt Oma.

Milli gähnt und schließt die Augen. „Oma, versprich mir, dass du nie eingesperrt wirst, ja?"

„Das verspreche ich dir, mein Schatz", sagt Oma. „Großes Indianer-Ehrenwort."

Aber Milli hört es nicht mehr, sie ist eingeschlafen.

Hilf mit!

Sing für Milli leise ein Schlaflied.

Nele Winter (d.i. Kerstin M. Schuld) liebte schon als Kind das Zeichnen und Malen. Dennoch studierte sie zunächst Jura, arbeitete danach aber als freischaffende Künstlerin. Seit 2002 ist sie als Illustratorin und Autorin erfolgreich für verschiedene deutsche Verlage tätig.

Iris Hardt, 1971 in Essen geboren, hat an der FH-Münster Illustration studiert und arbeitet dort seit 2000 als freie Illustratorin. Seitdem hat sie zahlreiche Bücher ausgestattet. Schon als Kind übte Andersens Welt eine große Faszination auf sie aus.

Mehr über unsere Bücher, Autoren und Illustratoren auf:
www.esslinger-verlag.de

Nele Winter und Iris Hardt
Vorlesebären: Milli und Oma machen Sachen
ISBN 978 3 480 23334 2

Reihengestaltung und Einbandtypografie: Sabine Reddig
Illustration der Vorlesebären: Carola Sieverding
Innentypografie und Herstellung: Tanja Haaf
Reproduktion: HKS-Artmedia GmbH, Leinfelden-Echterdingen
Druck und Bindung: Livonia Print, Riga

FSC® www.fsc.org
MIX
Papier aus verantwortungsvollen Quellen
FSC® C002795